AF264210

I 27m
20252

NOTICE NÉCROLOGIQUE

SUR

MARIE-DENIS-JOSEPH VERNHES

DIT

FRÈRE LÉON,

SECRÉTAIRE-GÉNÉRAL DE L'INSTITUT DES FRÈRES DES ÉCOLES CHRÉTIENNES.

DÉCÉDÉ A PARIS LE 2 JUIN 1862.

———

Extrait de la Circulaire envoyée, le 25 du même mois, dans toutes les Maisons de l'Institut, par le **T.-H. F. PHILIPPE**, *Supérieur-Général.*

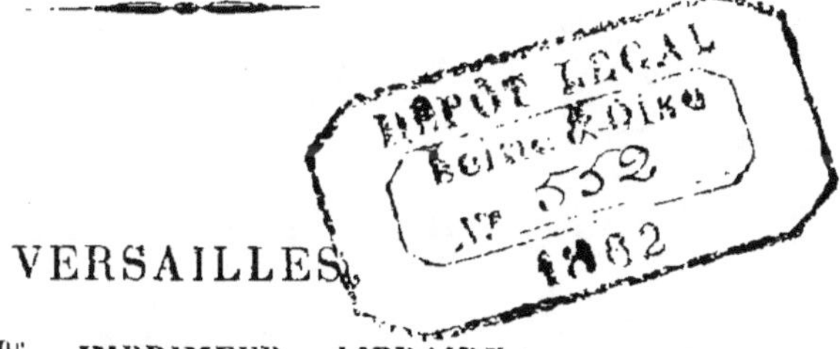

VERSAILLES,

BEAU J^{ne}, IMPRIMEUR - LIBRAIRE,

RUE DE L'ORANGERIE, N° 36.

—

1862

NOTICE NÉCROLOGIQUE

SUR

MARIE - DENIS - JOSEPH VERNHES

DIT

FRÈRE LÉON,

SECRÉTAIRE-GÉNÉRAL DE L'INSTITUT DES FRÈRES DES ÉCOLES CHRÉTIENNES,

DÉCÉDÉ A PARIS, LE 2 JUIN 1862.

Le très-cher frère Léon, secrétaire général de notre Institut, nous a été ravi, le 2 de ce mois, à la suite d'une maladie de langueur, dont il était atteint depuis un grand nombre d'années, et qui ne l'a cependant pas empêché de rendre à la Congrégation, des services qu'elle ne saurait assez reconnaître.

C'est vraiment de ce saint et digne religieux que l'on peut dire que *ses jours ont été pleins* (1) : car, malgré ses nombreuses infirmités et son âge déjà avancé, il n'a cessé de travailler que lorsque ses forces épuisées l'ont obligé de s'aliter, un mois avant sa mort.

Il naquit, le 24 janvier 1792, à Bordeaux, où il reçut, par les soins de son père, une instruction très-solide et

_____

(1) Ps. LXXII, 10.

très-variée; et comme il était doué d'une intelligence re-marquable, il fit de rapides progrès, surtout dans les lettres.

Après avoir passé plusieurs années, tant dans l'administration publique que dans le commerce, il se dégoûta du monde et résolut d'entrer dans un ordre voué à l'instruction chrétienne. Toutefois, il eut à subir de rudes épreuves de la part de ses parents, que leur tendresse trop naturelle portait à s'opposer à l'accomplissement de son dessein; mais Dieu, qui le lui avait inspiré, lui fournit les moyens de triompher des obstacles, et ces moyens, il les trouva surtout dans la prière, ainsi qu'il le racontait souvent lui-même.

Le très-cher frère Léon avait environ 25 ans, lorsqu'il entra dans notre Institut, en 1816. Après son noviciat, qu'il fit à Lyon, et pendant lequel il se montra le modèle de ses confrères et fit pressentir ce qu'il devait être un jour, il fut placé à Rive-de-Gier, où trois ans après, le très-cher frère Gerbaud, Supérieur-Général, d'heureuse mémoire, appréciant le mérite et les brillantes qualités de notre cher défunt, lui confia la direction de la communauté.

Le 24 septembre 1821, l'obéissance l'appela à Grenoble, également en qualité de directeur; il venait alors de faire sa profession. Les neuf premières années de son administration n'eurent rien de remarquable au dehors; mais celles qui suivirent lui donnèrent occasion de manifester son zèle prudent et sage et son rare talent administratif; aussi triompha-t-il des difficultés, et cette époque qui semblait devoir être désastreuse pour notre établissement, fut au contraire une de ses époques de gloire et de prospérité : la maison d'habitation de nos Frères fut reconstruite; le nombre toujours croissant des élèves fit porter à douze celui des classes, depuis longtemps restreint à neuf.

Il y avait plus de 17 ans que le cher frère Léon dirigeait notre communauté de Grenoble, où sa piété et sa bonne administration lui avaient attiré l'estime générale du peuple et des autorités ecclésiastiques et civiles, lorsque nous crûmes devoir le rappeler à Lyon, pour l'employer au Pensionnat que nous étions sur le point d'y établir : déjà à cette époque, sa santé s'était notablement altérée, par suite d'une chute très-grave qu'il fit en 1837, et la surdité dont il était atteint menaçant de s'aggraver, nous dûmes songer à lui donner un autre emploi.

Depuis longtemps nous sentions le besoin d'avoir auprès du Régime, quelqu'un qui pût partager avec nous les travaux de l'administration extérieure : le cher frère Léon, qui, à son talent naturel pour la correspondance, joignait des connaissances administratives qu'il avait eu occasion d'acquérir avant d'entrer en religion, ainsi que nous l'avons déjà dit, nous parut propre à seconder nos vues. Nous l'appelâmes à Paris, où il arriva le 6 mai 1839; et six mois après, nous n'hésitâmes pas à le nommer Secrétaire général de notre Institut. Vous savez, mes très-chers Frères, si le cher défunt a répondu à notre attente et justifié le choix que nous avions fait de lui.

Il nous faudrait dépasser de beaucoup les bornes ordinaires d'une circulaire, pour énumérer les services qu'il nous a rendus : c'est à lui que nous devons l'organisation du secrétariat, telle qu'elle se trouve aujourd'hui; nos dossiers sont pleins de correspondances, dont quelques-unes peuvent être, à bon droit, regardées comme des modèles de genre administratif.

Qui pourrait dire le nombre de pages qu'il a écrites pour la cause de notre vénérable Père, dont il s'occupait encore, quelques jours avant sa mort?

Jusqu'ici, mes très-chers Frères, nous ne vous avons entretenus que des qualités d'intelligence du pieux défunt que nous

pleurons, et des services rendus par lui à notre Institut ;
il nous reste à parler de ses qualités du cœur, bien plus pré-
cieuses encore, puisque ce sont elles qui ont rehaussé
l'éclat des premières et constitué le vrai mérite de ce Frère,
par le soin qu'il a pris de les cultiver et de les accroître.

Toutefois, obligé de nous restreindre, nous nous borne-
rons à quelques détails sur le courage persévérant avec lequel il a travaillé à se vaincre et à acquérir l'humilité ; nous
y ajouterons quelques mots sur son obéissance, sa charité,
sa rare piété et le zèle dont il a été animé pour tout ce qui
pouvait avoir trait à la gloire de notre Institut.

Profondément pénétré de la vérité de ces paroles de Notre-
Seigneur : *Quiconque veut venir après moi, qu'il se renonce
soi-même, qu'il porte sa croix tous les jours de sa vie et qu'il
me suive* (1), le très-cher frère Léon s'est constamment appli-
qué à acquérir les vertus qu'elles renferment : son caractère vif, son état nerveux et maladif lui offraient sans cesse
l'occasion de faire quelques actes de mortification et d'humilité ; hâtons-nous d'ajouter que rarement il manqua d'en
profiter, et que, le plus souvent, ses fautes étaient aussitôt
réparées que commises. Combien de fois ne l'a-t-on pas vu
aux pieds de ses supérieurs, et même de ses inférieurs,
sollicitant humblement le pardon d'une parole ou d'un acte
de vivacité...

En proie à des infirmités qui se multipliaient avec les
années, réduit souvent à ne vivre que de légers potages, il
fallait lui faire violence, quelquefois même lui commander,
pour l'empêcher de travailler ou de suivre les exercices de
communauté. « Pauvre nature, disait-il quelquefois, comme
» elle m'en fait voir ; mais Dieu le veut, que son saint nom
» soit béni ! » D'autres fois il disait avec une aimable résignation, surtout pendant sa dernière maladie : « Ah ! cher

(1) S. Luc, ix, 23.

» Frère, le bon Dieu m'aime beaucoup, il me met sur sa croix
» avec lui ; priez qu'il me donne la patience ! »

Persuadé que l'obéissance est la vertu qui constitue le
religieux, il n'omettait aucune occasion d'y exercer ses inférieurs ; il en parlait fréquemment dans ses conférences et
dans ses entretiens pendant les récréations, et s'étudiait au-
tant que possible à leur en donner lui-même l'exemple, par
sa régularité et son exactitude à accomplir les moindres vo-
lontés de ses supérieurs.

La charité fraternelle était sa vertu de prédilection : il en
faisait la matière la plus ordinaire de ses discours et de ses
exhortations. L'Évangile et les Épîtres de saint Jean, les
maximes de saint François de Sales et le chapitre de la règle
commune qui traite de cette vertu, étaient tour à tour
invoqués par lui, pour en inculquer la pratique. « Il y a,
» disait-il souvent, avec saint François de Sales, un amour
» de complaisance, un amour d'affection et un amour de
» support : si nous ne pouvons avoir les deux premiers,
» ayons au moins le troisième ; où en serions-nous, hélas !
» ajoutait-il, si Dieu n'usait, au moins de ce dernier, à notre
» égard?... »

Le cher très-frère Léon joignait la pratique à la théorie,
et jamais il ne se pardonnait la moindre faute contraire à la
charité. Dieu lui avait donné un cœur bon et sensible ; il
sut admirablement s'en servir : c'était quelque chose de
vraiment touchant que de le voir réparer les fautes qui lui
étaient échappées en matière de charité ; il se jetait au cou
de l'offensé, l'embrassait affectueusement et souvent en
pleurant, et l'un et l'autre confondaient ensemble leurs
larmes. « Je sens, disait-il quelquefois à ses confrères, que
» j'ai un caractère pénible, et pourtant Dieu sait combien je
» vous aime ; de grâce, je vous en supplie, ne m'épar-
» gnez pas ; avertissez-moi chaque fois qu'il me sera arrivé

» de vous faire de la peine, et je m'empresserai de réparer
» ma faute. »

Là ne se bornait pas la charité de ce vrai religieux envers
ses frères : il compatissait à leurs souffrances tant spiri-
tuelles que corporelles, prévenait leurs besoins et leur ren-
dait tous les services qui étaient en son pouvoir ; qui que ce
fût le trouvait toujours prêt à obliger, surtout dans ce qui
concernait l'exercice de son emploi...

Tant de vertus étaient rehaussées par une admirable piété :
il nous faudrait un volume entier pour faire connaître
quelques-unes de ses pensées à ce sujet ; pour dire la
manière dont il parlait de Dieu et des choses de Dieu ; de
la vocation d'un Frère et des obligations qu'elle impose ;
en un mot pour peindre ses sentiments de foi et d'amour,
surtout envers Notre-Seigneur résidant au très-saint Sacrement de l'autel, envers la très-sainte Vierge, saint Joseph et notre vénérable Père.... Quelle ferveur dans ses
prières, ses oraisons, ses communions qu'il aurait voulu
pouvoir faire chaque jour ! Avec quel bonheur il célébrait
les fêtes en l'honneur de la très-sainte Vierge et de saint
Joseph, ainsi que les mois qui leur sont consacrés ! Quelle
dévotion envers les mystères de Notre-Seigneur, surtout
ceux de sa Passion ; envers le très-saint Sacrement, qu'il
visitait fréquemment et plusieurs fois par jour, malgré la
multiplicité de ses occupations ; envers les âmes du pur-
gatoire, en faveur desquelles il avait fait l'*Acte héroïque* de
charité recommandé par le père Faber ! Quelle sainte avi-
dité pour la parole de Dieu, dont il se nourrissait constamment ! Ne pouvant entendre les sermons à cause de sa
surdité, il se les faisait raconter. L'Écriture sainte, les
Psaumes, l'Imitation de Jésus-Christ, la Vie des saints, les
Commentaires du père Berthier sur les Psaumes et les Pro-
phéties étaient ses lectures favorites, et sa mémoire prodi-
gieuse le servant admirablement, il était devenu vrai-

ment érudit et savant dans la science des livres saints.

Que dire de son zèle pour la gloire et les intérêts de notre Institut, de son empressement à mettre à son service toutes les connaissances que la divine Providence lui avait départies! Tous nos chers Frères savent avec quel dévouement il s'est livré aux fonctions qui ressortaient de l'emploi que nous lui avions confié, et qu'il a exercé pendant près de vingt-trois ans. Une chose surtout lui était à cœur, celle de pouvoir terminer un travail relatif au procès des vertus de notre vénérable Père; ses vœux ont été exaucés et, en partant pour Rome, nous avons pu annoncer au pieux mourant, qui en a éprouvé une grande consolation, que nous emportions nous-même ce dernier gage de son zèle et de son dévouement pour notre Institut et son saint fondateur.

Une vie si pieuse et si fervente ne pouvait manquer d'être couronnée par une sainte mort, et une fois de plus le très-cher frère Léon a vérifié dans sa personne, cet oracle de l'Esprit saint : *La mort des saints est précieuse aux yeux du Seigneur* (1)*!*

Ce fut le premier jour du mois de novembre qu'il entra à notre infirmerie pour n'en sortir, comme il le disait lui-même, que pour être conduit à sa dernière demeure. A ses nombreuses infirmités s'était joint un catarrhe, dont il ressentit les premières atteintes vers la fin du dernier Chapitre général. Depuis cette époque, jusqu'au mois d'avril, son état ne fut qu'une alternative de mieux et de mal qui cependant ne l'empêcha pas de se livrer, de temps à autre, au précieux travail dont nous avons déjà parlé.

Les derniers jours d'avril, il lui fallut s'aliter pour ne plus se relever; son estomac se refusait à toute nourriture, même au léger potage qu'on lui servait depuis quelque

_____

(1) Ps. cxv, 15,

temps. A cette atonie, succéda une diarrhée qui acheva d'épuiser ses forces, et, le 5 mai, sa situation réclamant des soins assidus de jour et de nuit, nos Frères du Secrétariat, par affection pour le respectable frère Léon, qu'ils regardaient comme leur père, et aussi pour soulager nos chers Frères infirmiers, sollicitèrent comme une faveur, de se partager jusqu'à sa mort, l'accomplissement de ce devoir de charité.

Loin de se dissimuler le danger de son état, le pieux malade en parlait gaiement à tous ceux qui l'allaient voir : « Je sens, disait-il, ingénument, que le bon Dieu fait son-» ner le rappel. » Puis il se recommandait aux prières de chacun.

Dans ses souffrances, qui parfois étaient extrêmes, il s'écriait : « Divin Jésus! il faut que vous m'aimiez beau-» coup, puisque vous me faites participer à vos souf-» frances! » A ceux qui lui demandaient comment il se trouvait : « Sur la croix, avec Jésus, » répondait-il ; puis il ajoutait : « Demandez pour moi la patience et la recon-» naissance. »

C'est ainsi, mes très-chers Frères, que l'excellent frère Léon se préparait par un redoublement de ferveur, par une résignation à toute épreuve, au redoutable passage du temps à l'éternité ; c'est ainsi que cette victime choisie par le Seigneur, achevait de se purifier pour le jour du sacrifice, qui ne devait pas tarder à arriver.

Le 23 mai, il reçut les derniers sacrements : par une heureuse coïncidence, ce jour se trouvait être celui où, suivant le rite romain, l'Église célébrait la fête de saint Léon ; on le lui fit remarquer : il ne savait comment en témoigner sa reconnaissance. La cérémonie eut lieu en présence des membres du Régime et du Secrétariat : nous passons sous silence les émotions dont elle nous remplit et les larmes qu'elle fit couler ! Le malade, qui avait conservé toute sa présence d'esprit, suivit toutes les prières qu'on faisait pour lui, s'unit avec une ferveur angélique au Dieu qui venait être son viatique dans le chemin de l'éternité; puis, après avoir demandé pardon à tous ses Frères, il renouvela ses vœux et les promesses de son baptême et reçut l'indulgence des mourants.

Ainsi préparé, ce cher confrère vécut encore plusieurs jours, pendant lesquels il communia deux fois en viatique et acheva de se purifier par des souffrances qui parurent excessives. Diverses crises qu'il éprouva ayant donné lieu de croire qu'il touchait à sa fin, on récita à différentes reprises les prières des agonisants, auxquelles il s'unit avec une pleine et entière connaissance.

Enfin le 2 de ce mois, ainsi que nous l'avons déjà dit, à trois heures du soir, il exhala doucement le dernier soupir, les yeux amoureusement fixés sur un tableau représentant Notre-Dame des Sept-Douleurs.

Les funérailles du très-cher frère Léon ont été célébrées dans la chapelle de notre maison-mère, avec toute la solennité que comporte la simplicité de notre état : son corps a été accompagné au cimetière de l'Est (Père-Lachaise), par la plus grande partie des Frères de notre communauté de Saint-Joseph et une députation des Frères Directeurs de nos maisons du département de la Seine; il a été inhumé dans le caveau qui appartient à notre Institut.

Le très-cher Frère Léon était âgé de soixante-dix ans et demi, dont quarante-six de communauté et quarante et un de profession.

Versailles. — Imp. de Beau jeune, rue de l'Orangerie, 36.

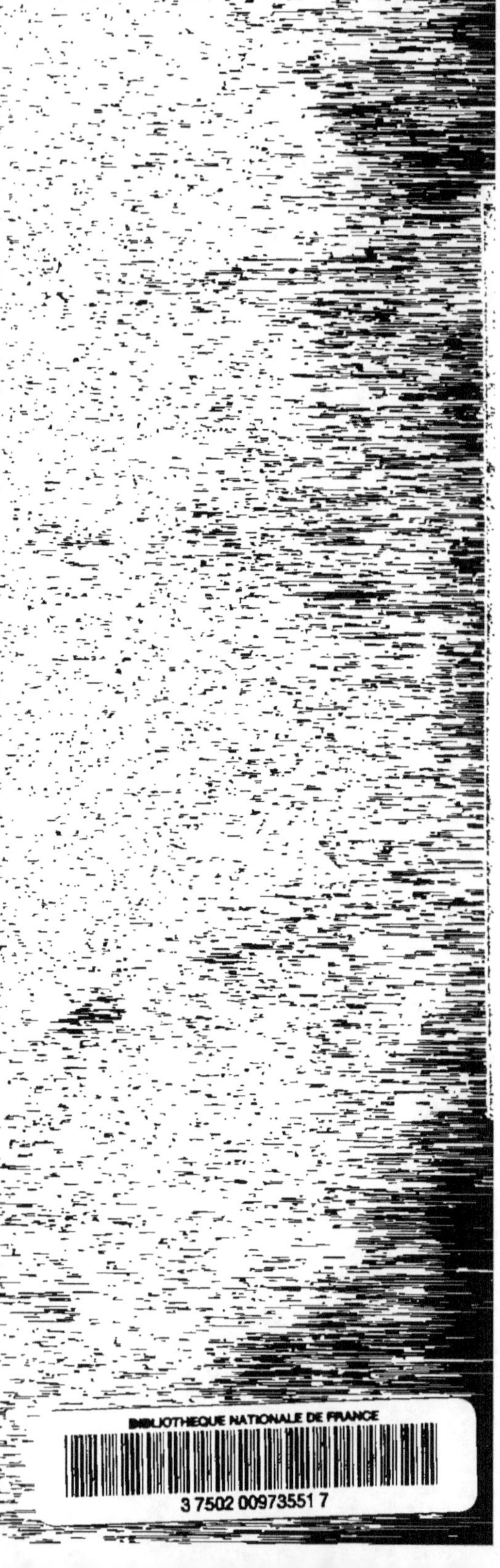